AF300314

APERÇU BIOGRAPHIQUE

SUR LE MARQUIS

LÉON DE BARBENTANE

APERÇU BIOGRAPHIQUE

SUR LE MARQUIS

LÉON DE BARBENTANE

PARIS

TYPOGRAPHIE DE E. PLON ET Cie

RUE GARANCIÈRE, 8

1880

AVANT-PROPOS

Par M. le baron DE LARCY, sénateur, ancien ministre
des travaux publics.

La marquise de Barbentane avait confié à un
de ses amis les plus chers cet intime et familier
récit, avec prière de le revoir et de lui donner
une forme plus correcte et plus classique ; mais
c'eût été vraiment dommage de déflorer ce petit
chef-d'œuvre de piété conjugale, et le secrétaire
s'est récusé, laissant toute sa grâce native à cette
inspiration féminine.

Ceux qui en prendront connaissance jugeront
ainsi que de tous les bonheurs dont le marquis de
Barbentane était redevable à la Providence, le
moindre n'était pas d'avoir rencontré cette compagne fidèle, d'une bonté incomparable, d'un

esprit vif et naturel, d'un dévouement à toute épreuve. Dans chacune des lignes de cette Notice, on sent qu'elle avait été toute sa vie sous le charme de cet époux adoré, qui avait bien en effet ce qu'il fallait pour expliquer cette fascination.

M. de Barbentane possédait au plus haut degré tous les dons extérieurs. C'était ce qu'on appelait autrefois un cavalier accompli. Il y avait en lui je ne sais quoi de noble et de dominateur, et en le voyant, on songeait involontairement au portrait que le duc de Saint-Simon a tracé de Louis XIV :

« On peut dire qu'au milieu de tous les autres hommes, sa taille, son port, sa beauté et sa grande mine, jusqu'au son de sa voix et à la grâce majestueuse de toute sa personne, le firent distinguer jusqu'à sa mort comme le roi des abeilles..... Il parlait bien, en bons termes ; ses discours les plus communs n'étaient jamais dépourvus d'une naturelle et sensible majesté. »

Il n'a manqué à M. de Barbentane qu'une chose : des occasions suffisamment sérieuses d'appliquer ses facultés. Condamné par le malheur des temps à une oisiveté qui lui pesait, il gardait dans son cerveau comme un trop-plein d'intelligence et de richesses dont il n'avait pas l'emploi, et qu'il dépensait souvent en conversations spirituelles, quelquefois paradoxales; c'étaient comme de brillants feux d'artifice, dont il ne s'éblouissait pas lui-même, mais qui le soulageaient et donnaient la mesure de ce qu'il aurait pu faire sur un théâtre plus réel et plus élevé.

Nous avons retrouvé un échantillon de ce qu'il aurait mis de ferme éloquence dans ses paroles et de vigueur dans ses actes, si les circonstances l'avaient placé plus souvent en présence de grands devoirs à remplir.

Voici la lettre qu'il écrivit à **M.** Berryer au moment où il venait d'être révoqué de ses fonctions de maire de Barbentane, pour avoir assisté au passage de l'illustre orateur, revenant de Marseille après l'élection de la flétrissure :

« Monsieur, bien que je ne puisse comprendre

par quelle contradiction, pèlerin de Kirchberg et de Goritz, j'étais nommé maire, alors qu'on méditait de flétrir le voyage de Londres, j'ai cru devoir me rendre, en acceptant, au vœu unanime de mes concitoyens. J'avais d'ailleurs expressément réservé l'indépendance de mes opinions; aussi n'ai-je pas hésité à joindre le tribut de mes hommages à l'ovation dont la Provence a salué votre passage. C'était pour moi un bonheur, et je l'éprouve plus vif encore depuis que, par un incroyable abus, le ministère vient d'y ajouter le sceau d'une destitution personnelle; j'y trouve un honneur qui dépasse toutes mes ambitions; mais il n'en est pas moins important pour le pays de dévoiler cet excès d'intimidation à l'égard même des fonctionnaires non salariés. La presse accueillera leur défense, mais chacun recourra, avec plus de confiance encore, à la tribune où le retentissement de votre magnifique parole se traduit toujours en conviction nationale.

« Veuillez agréer, je vous prie, Monsieur, le

témoignage de l'admiration profonde avec laquelle j'ai l'honneur d'être

« Votre très-humble et très-obéissant serviteur,

« Marquis DE BARBENTANE.

« Barbentane, le 31 mars 1844 [1]. »

Mais ce que nous tenons surtout à louer dans M. de Barbentane, c'est sa loyauté de cœur; il pratiquait particulièrement une vertu plus rare qu'on ne croit, quoiqu'elle paraisse bien naturelle : la reconnaissance. Quiconque avait été assez heureux pour lui rendre un service, si léger qu'il fût, était sacré pour lui, inscrit au fond de son âme en caractères ineffaçables, et il ne perdait aucune occasion de proclamer sa dette, comme s'il désespérait de l'acquitter jamais. Celui qui écrit ces lignes a pu constater en lui cette noble qualité, indice de tant d'autres, et qui suffirait seule à recommander sa mémoire.

S'il était tel pour ses amis, quelle ne devait pas

[1] Voyez la *Mode* du 15 avril 1844.

être son affection pour les siens! Il savait tout le prix de la femme que Dieu lui avait donnée, et quelle n'était pas son idolâtre tendresse pour sa fille unique! Il fallait le voir quand vint le moment de son établissement, avec quelle inquiète ferveur il recherchait pour elle tous les éléments de félicité, et par-dessus tout l'honorabilité de race et de caractère de l'époux qu'il allait lui choisir : il avait trouvé ce qu'il souhaitait, et ce fut la joie intime de la fin de sa vie.

Ceux qu'il a laissés sur cette terre peuvent le pleurer et le bénir; il les avait bien aimés.

R. L.

Latour, 16 septembre 1879.

APERÇU BIOGRAPHIQUE

SUR LE MARQUIS

LÉON DE BARBENTANE

Le marquis Étienne-Claude de Robin Barbentane, descendant d'une antique race [1], chevalier de Malte, cadet de famille, fut destiné dès le berceau à la marine. Il fit avec distinction toutes les campagnes d'Amérique, parvint au grade de capitaine de vaisseau, et mérita par sa valeur la croix de Saint-Louis. La terreur révolutionnaire avait bouleversé toutes les carrières ; désirant employer son activité martiale, il se rendit aux bords du

[1] Il se trouve en France, disent les chroniques, des maisons plus illustres, mais non de plus anciennes. On peut, au surplus, prendre au hasard parmi les nombreux auteurs qui ont écrit sur la noblesse de Provence : ils s'accordent tous à reconnaître le fait. Voyez *Histoire héroïque de la noblesse de Provence*, La Chesnaye-Desbois, Robert de Briançon, Pithon-Curs, Vertot, *Histoire du roi René*, *Critique du nobiliaire de Provence*, archives d'Angers, de Tarascon, d'Aix, d'Avignon, de Malte.

Rhin, où le prince de Condé venait de lever l'étendard royal, et faisait appel à tous les gentilshommes de cœur et d'énergie pour tenter un effort en faveur de la patrie opprimée. L'héroïque tentative échoua, pour les causes et dans les circonstances que l'on connaît. La petite armée fut licenciée, et les braves qui la composaient eurent à subir toutes les misères d'une longue émigration. Revenu en Provence, le marquis Étienne-Claude de Barbentane épousait en 1807 la fille du marquis Trimon de Giraud, descendant des Médicis dont elle portait les armes. Il eut de ce mariage Léon de Barbentane, qui naquit à Nîmes le 3 septembre 1810. Sa belle figure, ses yeux vifs et intelligents, sa blonde chevelure, sa taille noble et élégante, le faisaient remarquer parmi les enfants de son âge. Le jeune Léon était bruyant, tapageur, espiègle, ennemi du repos. Il semblait être né pour les armes. Parmi ses nombreux joujoux, il préférait les sabres, les fusils, les canons, et surtout les chevaux; il brisa en mille pièces le premier cheval de bois qu'on lui rapporta de la foire de Beaucaire, parce qu'il ne pouvait le faire galoper. Pour calmer sa pétulance, par trop méridionale, on le confia aux Jésuites d'Aix; sous de tels maîtres il fit de rapides

progrès. Mais son caractère indépendant se révol-
tait contre la discipline ; il aspirait au bonheur
de retrouver la liberté des champs et ce cher Barbentane qui fut toute sa vie l'objet de ses prédi-
lections. Pour s'échapper, il fallait de l'argent, et
sa bourse de collégien n'aurait pas suffi à payer
sa place à la diligence. Sans se déconcerter, il
vendit sa montre, se procura un billet d'intérieur
et arriva tout joyeux chez son père, qui fut ravi de
cette enfantine escapade, le cajola, le fêta, car il
était justement orgueilleux de ce fils aîné si pré-
coce et qu'il préférait. Sa mère ne partageait pas
le même engouement, et pour qu'il ne pût recom-
mencer une semblable équipée, elle le conduisit à
Saint-Acheul, en Picardie. Les Mac-Carthy, les
Ferrand, les Robiano, de Place, etc., les lumières
de l'Ordre, étaient à la tête de cet établissement
si réputé. Il y resta jusqu'au bannissement de la
Société et alla terminer ses études à Fribourg ; il
en sortit avec toutes les mentions honorifiques.

La famille de Barbentane était depuis longtemps
attachée à l'illustre maison de Condé. L'exil avait
encore resserré les liens qui les unissaient : aussi,
chaque automne, le marquis [1] Étienne, chef de la

[1] Il avait épousé, en 1802, mademoiselle Delglat de la Tour du

branche, recevait une invitation pour aller ouvrir les chasses au château de Chantilly. Son Altesse l'appréciait et aurait vivement désiré le fixer près de sa personne. En vain lui proposa-t-elle les emplois les plus élevés, rien ne put le séduire. Il voulait jouir de son indépendance. Ces refus réitérés ne découragèrent pas le Prince, qui daigna reporter sur le neveu l'affection dont il honorait son frère d'armes. Sa perspicacité l'avait bien inspiré; car ce jeune homme méritait par ses qualités brillantes la haute protection et l'adoption si flatteuse qu'on lui offrait; aussi fut-il immédiatement admis à l'École des Pages. Bientôt éclatait la révolution de 1830, et le drame ténébreux qui coûta la vie à l'infortuné Prince anéantit tous ses projets.

Ce fut donc bien tristement que Léon de Barbentane se rendit à Grenoble pour y commencer l'aride cours de droit, lui que son éducation et ses aptitudes avaient toujours dirigé vers la séduisante carrière des armes. Cependant il sut bientôt

Bosc, qui s'était distinguée pendant le siége de Lyon (1793) par la force de son caractère et sa grandeur d'âme. Plus d'un malheureux, porté sur la liste homicide, lui dut la vie. Elle sauva la tête de son propre père, en s'offrant comme victime à sa place! Aussi sa mémoire est-elle restée célèbre dans les annales contemporaines, où son nom est cité à côté de celui de mademoiselle de Sombreuil. Voyez le *Mérite des femmes*, par Legouvé, page 83.

se faire aimer par tous ses nouveaux condisciples,
dont il conquit les sympathies par le charme et le
chevaleresque de son caractère. A ce propos on
cite le trait suivant : M. Nicolet, devenu depuis cette
époque un de nos premiers avocats ; M. Badon,
auteur de délicieux vaudevilles dont le plus vanté
à juste titre fut : *Un duel sous Richelieu;* MM. de
Pisançon, de Mazenod, de Douglas, de Barbentane étaient unis par les mêmes liens d'âge, d'opinion et d'amitié. Le café qu'ils fréquentaient était
le rendez-vous de la jeunesse légitimiste dauphi-
noise, jeunesse parfois bruyante, mais toujours
inoffensive. Cependant les partisans du nouveau
régime multipliaient leurs manifestations hostiles.
Les cerveaux de dix-huit ans s'exaltent vite. Fatigués
par des menaces, des tracasseries incessantes, nos
jeunes gens résolurent de se débarrasser par un
coup de vigueur d'une guerre de tous les instants.
Ayant appris qu'on méditait de les surprendre
dans leur club, ils s'y barricadèrent, et pendant
plusieurs heures tinrent en respect les perturba-
teurs fort nombreux qui avaient compté sur une
victoire facile. Les vitres, les chaises, les tables,
les glaces furent brisées ; mais le courage des
assiégés ne faiblit pas, et au moment où l'on se
prenait corps à corps, la police, craignant les con-

séquences d'une collision qu'elle aurait dû pré-
venir, intervint tout à coup dans la mêlée. Elle
fit incarcérer les agresseurs, et leur infligea une
leçon qui ne fut pas sans profit pour la tranquillité de la ville. Un demi-siècle après, le général
de Bernis se plaisait à raconter la déconvenue
qu'éprouvèrent les fiers-à-bras du faubourg.

La jeunesse est inconstante : aussi Léon de Barbentane quitta-t-il Grenoble pour aller continuer
son droit à Toulouse. Ses brillants salons, ses
théâtres, les distractions de son âge le captivèrent
jusqu'au moment où l'héroïque duchesse de Berry
vint tenter un soulèvement dans la Vendée. Il
s'apprêtait à aller l'y joindre, lorsque le désastre
de la Penissière détruisit toutes les espérances.
Il se dirigea alors sur Paris, pour y passer ses
derniers examens ; il s'en acquitta d'une façon si
remarquable, que M. de Vatimesnil, qui se con-
naissait en hommes, ne put dissimuler la surprise
que lui causait cette éloquence innée et l'en félicita publiquement, en ajoutant même qu'il était
fâcheux que sa position indépendante privât le
barreau d'un avocat qui promettait d'être si distingué.

Le jeune licencié en droit eût bien préféré
suivre sa vocation militaire ; mais la révolution

de 1830 avait condamné toute une génération de braves à rester inactive : aussi, pour occuper ses loisirs, Barbentane partit pour l'Angleterre, de là pour l'Italie, trouvant ainsi l'occasion d'apprendre deux langues. Au retour de ces pérégrinations, il épousa en 1835 Valentine, fille du colonel marquis de Galliffet, prince de Martigues, et d'Adèle, fille du marquis des Roys [1]. Leur union fut bénie par la naissance d'une fille sur laquelle se concentra toute leur affection. Le charme de la vie intime n'empêcha pas le père de famille de se dévouer aux intérêts du pays ; il fut successivement nommé conseiller d'arrondissement, puis maire de Barbentane où il avait été proclamé à l'unanimité des suffrages. Ses fonctions administratives ne furent pas de longue durée. Berryer étant venu à Marseille, y avait reçu une véritable ovation ; il devait en être de même à Avignon : tous les conseillers municipaux de Barbentane s'étaient rendus dans la ville papale pour participer à la fête annoncée, lorsque la police de Louis-Philippe s'alarma d'une pareille manifestation et donna les ordres les plus

---

[1] La famille des Roys compte, entre autres personnages éminents, un sénéchal et un gouverneur de Beaucaire. Sa noblesse remonte à l'époque des croisades par Bertrand des Roys, chevalier de Saint-Jean de Jérusalem en 1230.

rigoureux pour arrêter l'élan populaire. La garnison fut mise sous les armes, les chefs légitimistes furent arrêtés, le gros du bataillon se dispersa : seuls MM. des Isnards, d'Augeranville et de Barbentane restèrent à cheval; servant d'escorte à l'illustre député, ils traversèrent la foule, qui les accueillit avec enthousiasme.

L'acte d'énergie accompli par ces messieurs en plein soleil valut à M. de Barbentane sa destitution de maire, dans les vingt-quatre heures; mais une disgrâce de cette nature ne fit qu'accroître la considération et la popularité de celui qu'elle frappait.

Dégoûté momentanément de la vie politique, il entreprit de faire à petites journées le tour de l'Allemagne. Pendant sept mois il put successivement admirer la Suisse, la Savoie, la Bavière, les bords du Rhin, les petits duchés, Leipzig, Berlin, le fameux moulin de Sans-Souci, la Saxe, la Bohême, Kirschberg, où il eut l'honneur d'être accueilli par Mgr le comte de Chambord. Ce prince était à l'apogée de la force et de la beauté : son regard magnétique inspirait le respect, sa haute intelligence surprenait, sa parole électrisait; aussi le visiteur, frappé de tant de grâce et de majesté, ne s'éloignait qu'en emportant l'espérance que Dieu destinait le noble descendant de saint Louis à être un jour le sauveur de la patrie.

De Kirschberg, M. de Barbentane séjourna à Vienne, puis à Brunsée, où S. A. R. Madame la duchesse de Berry lui donna pendant plusieurs jours une hospitalité parfaite; et enfin à Goritz, résidence d'une illustre et sainte martyre, de Mgr le Dauphin, et de cette charmante Mademoiselle, devenue depuis duchesse de Parme.

Le récit de ce pèlerinage piqua la curiosité de Mgr le duc d'Angoulême, qui voulut voir et caresser les coursiers infatigables qui nous avaient conduits à sa royale demeure. Trieste, Venise, la Lombardie et cette idéale Corniche nous ramenèrent en Provence.

La luxuriante végétation germanique avait séduit M. de Barbentane; pour en conserver le souvenir, il fit raser, à son retour, les oliviers de son parc, et les remplaça par de nombreux massifs de verdure. Voulant également remémorer les jardins enchanteurs de Schwetzingen, il imita en miniature quelques-uns de leurs kiosques.

Pendant son absence, la place de conseiller général était devenue vacante : on s'empressa de la lui offrir; il l'accepta et en remplit les fonctions pendant vingt-deux ans. Les Bouches-du-

Rhône avaient la chance d'être représentées par des hommes d'un véritable talent : on peut citer MM. Béhic, Rigaud, Laboulie, Bournat, de Chanterac. Le nouvel élu voulut gagner leur estime et marcher sur leurs traces; il conçut le projet de l'assainissement du vieux port de Marseille. Son travail fut présenté à l'Empereur, qui le trouva fort érudit et le recommanda directement à M. de Montricher. Cet ingénieur fut malheureusement un rival, et un plan qui avait été le fruit de mûres études fut mis de côté. M. de Barbentane ne se laissa pas décourager et se fit le promoteur du Congrès sanitaire international des puissances méditerranéennes. C'est en rémunération d'un si important service qu'en 1852, le prince président de la République le nomma chevalier de la Légion d'honneur. C'est aussi à son initiative qu'en 1864 Marseille fut redevable de sa monumentale préfecture, pour l'inauguration de laquelle le marquis de Barbentane fut élevé dans l'Ordre au grade d'officier.

Château-Renard était depuis longtemps en instance pour obtenir le dégrèvement de ses îles, dont l'impôt surchargeait tous les ans le budget de la commune. M. de Barbentane plaida la cause de la ville avec tant de succès, auprès de M. de

Nonville, conservateur des eaux et forêts du département, qu'il obtint justice ; et depuis 1854, le chef-lieu du canton lui est ainsi redevable de plus de 25,000 francs de rente. Il avait été chargé de la surveillance des plantations des chemins de tous les alentours, et l'on peut hautement proclamer que, sous son inspection, les voies carrossables ont été littéralement métamorphosées. On lui doit notamment la belle plantation de peupliers qui longe la route au bord du Viguierat, se dirigeant de Tarascon à Arles, et celle de la digue au pont de la Durance. Son œuvre la plus remarquable fut la transformation de son pays natal : Barbentane était presque inaccessible : les charrettes chargées étaient forcées de l'éviter. Pour remédier à un tel inconvénient, M. de Barbentane obtint du conseil général la somme de cent mille francs, qui fut employée à acheter des maisons pour faciliter une percée qui permît de construire un viaduc des plus hardis et de prolonger le cours, servant de promenade, et reliant la route d'Avignon à Boulbon. Cette ouverture a complétement changé l'aspect du pays : on peut admirer aujourd'hui sa superbe tour, ses flèches, ses clochers, ses villas, ses rivières, qui complètent un incomparable panorama.

3

Les habitants méritaient bien de voir s'accomplir à leur profit une si heureuse rénovation. Il est rare de trouver une population plus spirituelle, plus intelligente, plus laborieuse; son territoire si fertile est cité comme le jardin de la Provence. On comprend sans peine l'attrait que M. de Barbentane avait pour son pays natal, et combien en revanche ses compatriotes lui étaient dévoués. En effet, il était l'ami de tous; tant que sa santé chancelante lui a permis de leur rendre service, il s'est traîné dans les bureaux, dans les ministères, dans les administrations de chemins de fer, partout, en un mot, où il croyait pouvoir obtenir un congé définitif ou temporaire pour des militaires, un bureau de tabac, un secours pécuniaire, etc. Quand la chance le favorisait dans ses désirs, il était ravi d'en transmettre la bonne nouvelle, et comme Titus, il se félicitait d'avoir bien rempli sa journée.

L'opinion publique le désignait comme candidat à la députation. Il dut se rendre aux différents comités de Marseille, d'Arles, de Tarascon, de Salon. Partout on fut frappé de son éloquence, qui présageait l'avénement d'un prince de la tribune. Un noble étranger assistant à une de ces séances oratoires, s'écria : « Mais c'est véritablement un maître de la parole! » Dès qu'il devait parler en public, on ne trouvait pas de local assez vaste pour contenir la foule toujours avide de l'entendre. Ses collègues de Marseille l'écoutaient avec la même faveur et lui avaient donné à traiter la question des archives; quoique le sujet fût aride, il avait si bien fouillé dans les vieux parchemins, que le récit en était des plus émouvants et que ceux qui ne connaissaient pas sa facilité de parole l'attribuaient à un prodige de mémoire.

Il avait d'ailleurs un penchant très-prononcé pour la littérature : Horace et Virgile étaient ses auteurs favoris. Il écrivait très-souvent des articles anonymes dans les journaux, et l'on a trouvé dans ses papiers plusieurs manuscrits, parmi lesquels on distingue le *Dragon de Rhodes.*

Le coup d'État du 2 décembre venait d'éclater à Paris; la mairie de Barbentane avait à sa tête M. Degand, honnête homme, mais timide; il fut effrayé de la responsabilité qui lui incombait, et vint apporter son écharpe à M. de Barbentane. La position était critique : il savait que la démarche faite par le maire était des plus illégales; s'il refusait, il pouvait compromettre la sécurité du pays; il fallait une décision prompte : il n'hésita pas à braver le danger. Il arma d'un bon revolver

Chabert, ancien gendarme, fit faire quelques arrestations qui intimidèrent les plus mutins, prit toutes les mesures de police qu'indiquait la prudence, et instruisit le préfet de la situation irrégulière dans laquelle il se trouvait. M. de Suleau approuva les faits accomplis, félicita M. de Barbentane de la discipline qu'il avait si bien imposée et qui avait produit de si heureux résultats dans les environs, que le général d'Antist, qui commandait dans Vaucluse, ayant été obligé de faire partir les troupes de la garnison d'Avignon, pour envoyer des renforts dans le Luberon, où un soulèvement grave avait éclaté, fit demander cent Barbentanais de bonne volonté pour occuper les postes des soldats en campagne. Ils accoururent à cet appel, et s'y conduisirent vaillamment.

La tranquillité rétablie, sa mission heureusement terminée, M. de Barbentane résilia les fonctions honorifiques et périlleuses dont il avait été momentanément investi, et regagna ses quartiers d'hiver parisiens.

Il avait été s'y fixer en 1846, et habitait à cette époque la rue Louis-le-Grand; il s'y livrait à ses goûts favoris de musique, de peinture et de littérature. Toutes les semaines il réunissait à sa table les hommes d'élite de Paris et de la Provence, tels que Léo de Laborde, Larcy, Viennet, Baragnon, Boissy, Franconière, Poujoulat, Pontmartin, de Noé, d'Yzarn de Freissinet, de Sibert, Alfred le Roux, Béchard, Troplong, de Vienne, de Marnas, de Saint-Georges, Chapus, etc., etc. Avec des hommes de cette valeur, on comprend l'intérêt, le charme que devait présenter la conversation. Chacun était prodigue d'esprit, de verve, de gaieté; les heures s'écoulaient si rapides, qu'on ne s'apercevait souvent pas que la nuit était déjà très-avancée, et l'on se séparait en se donnant rendez-vous pour la huitaine suivante.

Le marteau démolisseur de M. Haussmann ayant condamné notre hôtel, il fallut transporter notre domicile au quai d'Orsay. L'appartement était beaucoup plus vaste, et permit d'y offrir des soirées dansantes pour amuser la jeunesse. Ces réunions sans prétention furent goûtées par les parents; car, pour ne pas fatiguer les débutantes mondaines, les invitations les conviaient en avant-soirée, c'est-à-dire à neuf heures. L'innovation parut singulière; mais on s'y conforma, d'autant plus que chacun trouva l'idée paternellement hygiénique.

Il est absurde, en effet, de s'endormir ou de s'ennuyer chez soi pour attendre l'heure prescrite par la suprême élégance.

L'année suivante, ces sauteries devinrent des bals qui durèrent jusqu'au lever du jour et furent cités dans le sport, par Eugène Chapus, comme les plus brillants de la saison.

M. de Barbentane en distrayant sa fille songeait surtout à son avenir; cette fille adorée était l'objet constant de sa sollicitude; il voulait la confier à des mains sûres, capables de lui rendre tout le bonheur qu'elle n'avait cessé de nous donner depuis sa naissance. Sa piété filiale fut récompensée : un homme hors ligne a comblé nos vœux; c'est nommer le marquis d'Andigné, chef d'escadron, attaché militaire en Angleterre, aujourd'hui général, commandeur de la Légion d'honneur, membre du Sénat. Quelque temps après, la venue d'un petit-fils mit le comble à notre joie.

Cette félicité dura jusqu'au moment de la guerre de 1870. Comment dépeindre cette cruelle séparation? Le vieux et le jeune ménage n'avaient qu'un cœur pour s'aimer et pour souffrir. Il n'y avait plus d'illusions possibles : la défaite n'était pas douteuse; les pressentiments lugubres ne devaient que trop se réaliser.

Le 1er septembre, jour à jamais néfaste, le colonel d'Andigné tombait, percé par trois balles, sur le champ de bataille de Sedan près de Daigny.

Les bruits les plus sinistres circulaient sur la gravité de ses blessures. A la première nouvelle, sa jeune femme abandonna ses enfants à nos soins, traversa une partie de la France occupée déjà par les Prussiens et vola à l'ambulance, s'établit au chevet de son mari et ne le perdit pas de vue jusqu'à ce qu'elle eût le bonheur de l'avoir arraché à la mort. La convalescence fut longue, et c'est au bout de sept mois seulement que **M.** de Barbentane pouvait embrasser son glorieux et bien-aimé blessé!

La réunion eut lieu à Biarritz, où il avait abrité l'enfantine famille qu'on lui avait confiée. Nous n'étions pas les seuls à avoir choisi cette douce retraite. L'amiral Rigaud de Genouilly, le maréchal Baraguey d'Hilliers, étaient comme nous logés à l'hôtel Gardères. L'intimité s'établit vite quand l'infortune vous assemble sous le même toit.

Nous fîmes nos adieux aux Pyrénées en juin 1871, et bientôt après nous retrouvions la chaîne des Alpes, le Ventoux et la fontaine chantée par Pétrarque. Ce sol est d'ailleurs favorisé des Muses. C'est encore de nos jours le rendez-vous des félibres, les troubadours modernes; notre canton, à juste titre, réclame la primauté et donne, avec

Lamartine, la palme du génie à l'auteur de *Mi-reille*. Ce voisin, cet ami, était venu à notre rencontre pour fêter le retour du général d'Andigné; il improvisa, en 1872, au milieu du banquet qui eut lieu à Barbentane, un brinde d'un si heureux à-propos, que je me plais à le joindre à ce rapide récit.

ENTRE VESIN,

> Pèr faire bèn ço que se deù,
> Coume au tèms de la Rèino Jano
> E de Reinié lou rèi fidèu,
> I nòbli damo dóu castèu
> Beve aquest vin de Barbentano.
>
> E beve au marqués d'Andigné
> Que, dins la guerro aspro e ferouno,
> Quand touto glòri s'estegnié,
> Souto lou fio di canounié,
> Éu, s'acampavo uno courouno.

F. MISTRAL.

La santé de **M.** de Barbentane s'affaiblissait visiblement. A la suite d'une syncope, il se détermina à penser sérieusement à la vie future. La foi de ses jeunes ans se réveilla; il s'agissait de la mettre en pratique. Il profita du Jubilé de 1874 pour remplir ses devoirs religieux de la façon la plus édifiante.

Désormais tranquille sur cet important sujet,

il continua à gérer ses affaires et à jouir des douceurs de son intérieur, qu'il ne devait, hélas! que trop tôt quitter.

Le 21 mars 1878, il fut saisi par la grippe accompagnée d'une violente fièvre que la Faculté fut impuissante à dompter. La bonté, l'affabilité de son caractère ne se démentirent pas un instant; il conserva jusqu'à la fin sa parfaite présence d'esprit et disait, une heure avant d'expirer, à sa petite-fille Oneïda : « Regarde-moi bien, ma chérie, car tu ne me verras plus »; et à sa femme, qui était agenouillée auprès de son lit : « Relevez-vous, ma pauvre amie, vous êtes trop mal! » Avec le même calme il disait à son domestique: « Mais, mon brave François, je râle! » Il ne se trompait malheureusement pas et s'éteignait, en recevant la dernière onction du prêtre, qui lui ouvrait ainsi la porte du Ciel.

Impossible de dépeindre la douleur de ceux qu'il a laissés! Dieu seul connaît le sacrifice qu'il leur a imposé. Selon son désir, il fut embaumé et conservé plusieurs jours dans sa chambre mortuaire, entouré de prêtres, de religieux, de relations qui se succédaient pour prier près de lui.

Un service intime eut lieu, conformément à ses volontés, à Saint-Philippe, à l'autel de la Vierge, pour laquelle il avait une tendre dévotion; puis il fut transporté à Barbentane accompagné de son gendre, de son petit-fils René et d'un ecclésiastique.

C'était le lieu désigné pour les funérailles solennelles.

La fatale nouvelle avait répandu la consternation dans le pays : des enfants ne pleurent pas plus sincèrement un bon père.

A partir de l'entrée du char funèbre sur le territoire, chaque habitant devant qui il passait se découvrait avec des marques visibles de respect, de regret et de tristesse, et quittait son travail pour se joindre à l'escorte. Lorsqu'il arriva au château, il était suivi par une véritable procession.

Pour satisfaire les pieux désirs de la population entière et accueillir l'hommage spontané qu'elle rendait à son noble bienfaiteur, le général d'Andigné fit enlever le corps du cercueil et le fit exposer pendant quarante-huit heures dans le grand salon, transformé en chapelle ardente. Son visage n'était pas altéré : c'était le sommeil du juste.

Le Révérendissime abbé mitré de Saint-Michel, à la tête de tous ses religieux et de sa maîtrise, vint publiquement bénir les restes mortels d'un des bienfaiteurs de leur monastère. Des vieillards, des

infirmes, qui depuis nombre d'années n'avaient
pas quitté leurs foyers, voulurent se faire porter
au château. Tous les rangs, toutes les conditions,
tous les âges s'y trouvaient réunis dans le même
sentiment d'affliction. Mais ce qu'il y a eu d'extraor-
dinaire, dans un temps de tourmente politique, ce
fut le spectacle que donnèrent les antagonistes les
plus prononcés, venant saluer encore une fois
celui qui avait si bien su, de son vivant, réunir
leurs suffrages.

On évalue à plus de dix mille le nombre des
personnes qui sont accourues de tous les environs
pour assister à la triste et imposante cérémonie
des funérailles.

L'oraison funèbre fut prononcée en chaire par
l'abbé Joubert, chanoine de la métropole d'Aix,
qui représenta le regretté défunt comme modèle
de fidélité à la religion, à la famille, à la patrie. Ces
touchantes paroles firent couler bien des larmes.

Toutes les sociétés de bienfaisance dont il
était membre voulurent le porter à sa chapelle
funéraire. Devant le seuil de cette pénible station,
le marquis de L'Espine, le baron de Chabert, le
maire M. Fontaine [1], furent dans leurs discours

---

[1] Ces discours ont été reportés à la fin du manuscrit.

les interprètes des regrets de tous les assistants.

De telles funérailles sont un honneur pour la mémoire d'un homme qui avait su conquérir une pareille popularité.

Un des notables de la localité, impressionné par ces émouvantes scènes, écrivait à son infortunée veuve :

« MADAME LA MARQUISE,

« Permettez-moi de vous dire au nom de tous les Barbentanais que nous partageons votre cruelle douleur et que le même glas a retenti dans nos âmes. Le deuil est général : les voisins comme les plus éloignés du territoire, les fermiers, les enfants, les vieillards, les infirmes, en un mot toute la population de condition et d'opinion différentes ont envahi la chapelle ardente pour contempler et prier une dernière fois pour notre bien-aimé marquis de Barbentane. D'où venait cet empressement, ce recueillement, cet universel hommage? Il serait inutile de chercher à l'expliquer : les sentiments ne s'analysent pas, ils se comprennent; c'est là leur mérite. Mais que l'on n'essaye jamais d'acheter un tel dévouement : nos populations ne vendent pas leur amour; elles le donnent à qui a su le gagner. C'était le tribut dû au véritable mérite et l'éclatante preuve que chacun comprenait qu'il venait de perdre un ami, un protecteur aussi dévoué que puissant : un gentilhomme doué d'une parole magique, d'une intelligence hors ligne, qu'il se plaisait à consacrer à ses chers compatriotes, etc., etc. »

Nous joignons à cette notice quelques extraits des principaux articles nécrologiques insérés dans les journaux.

M. Poujoulat, directeur de l'*Union,* s'exprime en ces termes :

« Un Français de la vieille foi monarchique, aimable homme du monde, homme d'esprit, doux, bienveillant, hospitalier, M. le marquis de Barbentane, est mort à Paris, le 27 de ce mois (mars). Il avait été, pendant plus de vingt ans, conseiller général des Bouches-du-Rhône, son département, et nul ne le surpassa en dévouement aux intérêts confiés à ses soins. Son généreux courage à l'époque des inondations du Midi fut très-remarqué. Son royalisme se révéla à mes yeux dans ses charmantes et nobles ardeurs de 1849.

« Le regrettable marquis de Barthélemy et

moi, tous les deux représentants des Bouches-du-Rhône, nous visitions, pendant une prorogation de l'Assemblée nationale, les pays de Barbentane, Saint-Remy, Eyragues, Boulbon ; les fêtes se succédèrent pour cette population ardemment dévouée au Roi. Le marquis de Barbentane fut l'organisateur de la plupart de ces réunions si cordiales et si françaises, et ses brillantes improvisations nous charmèrent plus d'une fois. Le mariage de sa fille avec l'honorable marquis d'Andigné, dont la conduite a été si belle pendant la guerre, était devenu la joie de sa vie. D'une santé frêle, il a pu durer jusqu'à l'âge de soixante-huit ans, grâce aux soins constamment admirables de la compagne de ses jours. Il a quitté ce monde avec sa pleine intelligence, soutenu par la religion et par les espérances immortelles. Ce souvenir sera la consolation d'une veuve et d'une fille en ce moment brisées par la douleur ! »

La *Gazette de France* ajoute à ces lignes :

« A ce souvenir d'un ami, nous pouvons ajouter qu'au service célébré mardi 2 avril à Saint Philippe du Roule de Paris, et bien que, sur la demande du défunt, fidèlement observée par sa famille, aucune invitation n'eût été faite à ses obsèques,

un grand concours de parents et d'amis étaient
venus rendre un pieux hommage à sa mémoire.
A Barbentane, pays de ses pères, qui y sont fixés
depuis Pierre de Robin, l'ami du roi René, l'accueil
fait à sa dépouille mortelle a dépassé toute prévi-
sion. Il a fallu l'exposer en chapelle ardente pour
satisfaire la piété de ses compatriotes, et pendant
quarante-huit heures, rouges et blancs, protes-
tants et catholiques, oubliant la fièvre électorale
des élections de dimanche prochain, ont veillé et
prié auprès du corps de leur ami défunt.

« Le 5 avril, jour de son inhumation, une foule de
dix mille personnes le portait ou l'accompagnait à sa
dernière demeure située au sommet du parc, dans
une chapelle au pied de la tour de Barbentane. »

L'Union de l'Ouest, le *Petit Journal de Maine-
et-Loire*, l'*Étoile*, le *Journal de Maine-et-Loire*,
reproduisent le même article sous la dénomina-
tion du marquis de Barbentane, beau-père du
général d'Andigné, en y ajoutant le paragraphe
suivant :

« Si d'aussi touchants témoignages de regrets
doivent adoucir la douleur de sa famille en deuil,
ils sont bien honorables pour la population de
Barbentane, qui a su comprendre quelle perte elle
faisait dans cet homme de bien dont notre Anjou

aussi avait apprécié les qualités aimables dans ses séjours à Monet. »

Le *Journal de Saint-Michel* écrit :

« Les Révérends Pères Prémontrés de Frigolet ont tenu à donner un témoignage de reconnaissance et de vifs regrets à feu M. le marquis de Barbentane leur voisin, ami et bienfaiteur. Ils ont célébré un service solennel pour le repos de son âme le lundi 8 avril, à dix heures du matin. Le Révérendissime abbé de Saint-Michel a fait pontificalement l'absoute. L'élite de la population barbentanaise assistait à cette cérémonie et était consolée par ces honneurs rendus à son regretté marquis.

« La famille des Isnards représentait la noble maison de Barbentane. »

Le *Progrès séricicole de Valréas* du 11 avril contient l'article de l'*Union* et ajoute :

« M. le marquis, qui vient de s'éteindre à Paris, où il résidait depuis nombre d'années, était un homme de bien dans toute l'acception du mot, et de plus l'un des bienfaiteurs des Bouches-du-Rhône, son département, qui conservera sa mémoire.

« Le nôtre, qui fut également un peu le sien, gardera souvenance des services rendus à son agriculture par le regrettable marquis. M. de Barbentane, qui fut agronome distingué, fut presque notre compatriote; qu'il nous soit donc permis à ce double titre de lui consacrer ici quelques mots ; qu'il soit permis à notre modeste plume de tracer, dans notre feuille essentiellement agricole, un souvenir du noble défunt. »

Les morts généralement s'oublient vite. M. de Barbentane, en confiant sa dépouille mortelle à ses bons compatriotes, avait pressenti que son souvenir revivrait dans leurs cœurs.

En effet, son mausolée ressemble à un véritable reposoir : la verdure, les fleurs y sont sans cesse renouvelées. Les prières et les messes qui s'y disent chaque semaine attirent le même concours, et récemment encore, pour le premier anniversaire, M. Fontaine, maire du pays, écrivait :

« Malgré les nombreux travaux de la campagne, l'église était comble. Cette bonne et sympathique population avait voulu témoigner à celui qu'elle regrette toujours, tout son attachement et sa reconnaissance pour les bienfaits sans nombre qu'elle en avait reçus. On l'aimait véritablement; il a voulu rester au milieu de nous, en quelque sorte sous notre garde, heureux que nous sommes que le dépôt nous ait été confié! Tous ceux qui l'ont connu l'ont apprécié et se le rappelleront; ceux qui étaient nos adversaires et qui nous combattaient, alors que plein de santé il portait hardiment le drapeau du parti royaliste, ont eu pour lui la plus grande estime et la plus grande admiration. Lui seul avait pu réussir à certains moments à les rallier à notre cause, alors que les passions étaient moins vives qu'aujourd'hui.

« C'est, Madame la Marquise, un bel héritage qu'on laisse à ceux qui restent, que les témoignages d'estime que l'on emporte dans l'autre monde. Sous ce rapport, votre famille n'a rien à envier, et jamais plus personne dans notre pays n'emportera avec lui autant de preuves de dévouement et d'affection, qu'en a reçu M. de Barbentane de notre excellente population barbentanaise! »

La voix du peuple n'est-elle pas ici la voix de Dieu!

DISCOURS DE M. FONTAINE

Maire de Barbentane.

« Au nom de la commune de Barbentane, que je représente, et comme successeur de celui dont nous pleurons la perte, je viens déposer sur cette tombe, qui s'ouvre pour la première fois, un dernier hommage à celui qui va y descendre, au regretté marquis Étienne-Léon de Robin de Barbentane, qui depuis longtemps avait désigné sa place dans ce caveau, voulant, comme il nous le disait, reposer au pied du Calvaire, sous la garde du Dieu crucifié, au milieu de cette population de Barbentane qu'il a tant aimée.

« Il y a quelques jours, il était encore au milieu de nous ; mais sa santé fortement ébranlée soutenait à peine ce corps épuisé que les soins incomparables et constamment dévoués dont l'entourait celle qui fut la compagne de sa vie, disputaient en quelque sorte au mal qui le minait et qui vient de nous le ravir.

« Il avait lui-même le pressentiment que sa fin approchait, et le dernier adieu qu'il nous adressait

la veille de son départ fut plus triste que d'habitude : « Mes amis, nous disait-il, c'est pour la der-
« nière fois que je pars ; je reviendrai, mais ce
« sera pour ne plus repartir. »

« Malgré nos craintes, nos appréhensions, nous
espérions pour lui encore de longs jours, et nous
étions loin de penser que le terme en serait si
proche, et qu'il nous serait enlevé d'une manière
aussi soudaine et aussi inattendue.

« Sa venue au milieu de nous, son arrivée dans
ce pays, d'habitude si calme, était un véritable
événement. On accourait à sa rencontre, on
l'entourait, on était heureux de le revoir et de le
lui dire. Les malheureux surtout n'étaient pas les
moins empressés. Ils savaient que lorsque sa maison était ouverte, il y avait toujours du pain pour
les indigents, et qu'on ne s'en retournait jamais les
mains vides. Le malade nécessiteux savait qu'une
main charitable viendrait le secourir, l'aider à
réparer ses forces et le réconforter.

« L'affabilité proverbiale de l'homme de bien
que nous regrettons, son caractère toujours bon,
toujours égal, ce sourire bienveillant qu'il adressait à tous et que la maladie et la souffrance n'alté-
rèrent jamais, son empressement à rendre service
et à satisfaire aux moindres désirs qu'on lui témoi-

gnait, enfin toutes ces qualités éminentes qu'il possédait à un si haut degré, lui avaient acquis l'estime de toutes les personnes qui l'approchaient et les sympathies de cette population de Barbentane, qui l'aimait sincèrement et qui tout entière lui était dévouée.

« L'histoire de notre petite ville de Barbentane, ses traditions, se lient intimement à l'existence de nos grandes familles qui, depuis des siècles, à travers les vicissitudes du temps, se sont perpétuées jusqu'à nous, et qui, à toutes les époques, ont présidé aux destinées de la commune.

« De là vient cet attachement profond que notre population de Barbentane a voué aux descendants de ces nobles familles qu'elle a vus naître, qu'elle a vus grandir.

« Et pourquoi n'en serait-il pas ainsi? Nos pères ont connu leurs ancêtres : ils ont vécu de la même vie ; le même esprit les animait ; mêmes convictions, même foi les unissaient ; même drapeau les abritait, alors que la patrie réclamait leur dévouement ; ils ont souffert les mêmes angoisses quand le pays était dans la détresse ; ils se sont réjouis ensemble alors qu'il était heureux et prospère.

« Aujourd'hui, cette population émue vient rendre un suprême hommage à celui que la mort vient de nous ravir, et dont elle apprécie la perte.

« M. le marquis Étienne-Léon de Robin de Barbentane descendait d'une des plus anciennes familles de Provence. Elle était déjà en renom à l'époque où la Provence libre s'appartenait à elle-même. Un de ses ancêtres était le compagnon et l'ami de ce bon roi René dont la mémoire est restée populaire. Ses aïeux, gens de robe et d'épée, se signalèrent par les services qu'ils rendirent au pays. Son père, que nous avons connu, et que nous appelions communément Monsieur le chevalier, était un des derniers survivants de l'ordre de Malte.

« M. de Barbentane entra jeune encore dans la vie publique. En 1843, l'autorité supérieure lui confiait l'administration de la commune.

« Quelques années plus tard, il siégeait au conseil d'arrondissement.

« En 1850, le canton de Châteaurenard le nommait membre du conseil général.

« Doué d'une heureuse physionomie, sa parole facile, entraînante, ses talents d'orateur qui se révélèrent alors, lui assurèrent une place distinguée au sein de notre assemblée départementale.

« Ce fut l'époque la plus brillante de sa vie publique.

« Tarascon, Arles, venaient de le choisir en
1851, comme candidat à la députation, quand
survinrent les événements de décembre. Ses
nombreux amis de l'arrondissement le supplièrent
vivement de soutenir la lutte. Mais craignant les
vexations auxquelles ses amis allaient être expo-
sés, il crut bien faire de sacrifier à l'amitié sa
popularité et l'honneur de remporter une victoire
qui était certaine.

« Il continua pendant vingt ans à siéger au
conseil général, où ses nombreux travaux, son
projet d'assainissement du port de Marseille, lui
valurent la récompense que tant de services rendus méritaient. Il fut nommé chevalier et ensuite
officier de la Légion d'honneur.

« Mais depuis quelques années sa santé avait
diminué, et, quoique d'un âge relativement peu
avancé, sa santé affaiblie réclamait le repos. Il
rentra dans la vie privée, où les soins dont sa
famille l'entourait semblaient devoir encore prolonger son existence.

« Mais Dieu, dont les desseins sont impénétra-
bles, a voulu l'appeler à lui.

« Puissent les regrets unanimes qui l'accompa-
gnent, puisse l'empressement de tant de personnes
honorables qui se sont fait un devoir de s'associer

à ce deuil public, être un adoucissement à la trop juste douleur de celle qui fut sa compagne et de ses enfants qu'il laisse inconsolables.

« Dormez en paix au fond de cette tombe où finissent les agitations et les maux de cette vie. Là est peut-être le bonheur après lequel nous courons tous et qui près de l'atteindre nous échappe.

« Mais ce qui nous console, c'est que la mort n'est qu'une séparation ; ce n'est pas l'absence pour toujours. Pour nous, chrétiens convaincus, une tombe qui s'ouvre n'est pas le dernier mot de notre destinée.

« Recevez nos adieux, cher ami ; nous nous reverrons un jour. »

DISCOURS

DE M. LE BARON DE CHABERT

Conseiller général du canton de Châteaurenard

(Bouches-du-Rhône).

« Messieurs,

« Un même sentiment de profond regret nous réunit autour de cette tombe.

« C'est dans cette pensée que je trouve le courage nécessaire pour vous parler de l'ami si rapidement enlevé à notre affection.

« Le marquis Léon de Barbentane était le chef d'une famille qui, pendant des siècles, porta glorieusement le nom de notre pays. Ce nom, à son tour, il l'a noblement porté, et par l'affabilité de son caractère, il fut le trait d'union naturel entre les hommes de ce pays, dont les opinions ardentes pouvaient être quelquefois l'occasion de divergences fâcheuses.

« Bon, juste, serviable, secourable aux malheureux, il était l'ami de tous! Pendant les longues années où il représenta notre canton d'une manière si brillante et si utile, au conseil général du département, le marquis Léon de Barbentane a rendu des services que l'on ne peut oublier, et l'affluence considérable qui se presse aujourd'hui dans cette chapelle, dernier asile de cet homme de bien, en est le témoignage éclatant.

« Messieurs,

« Une mort chrétienne a terminé cette vie toute d'affection et de dévouement : que cette pensée soit une suprême consolation pour sa famille, dont nous partageons la douleur et dont nous partageons aussi la foi dans les espérances éternelles. »

DISCOURS

DE M. LE MARQUIS DE L'ESPINE

Président de la Société d'agriculture de Vaucluse.

« Messieurs,

« Permettez-moi de vous retenir encore quelques instants sur le bord de cette tombe, pour adresser un dernier adieu à l'homme de cœur, à l'homme d'honneur que nous avons perdu, au nom des nombreux amis qu'il a laissés sur les deux rives de la Durance.

« Lorsque nous visitions M. le marquis de Barbentane, dans son vieux château, il y a à peine trois mois, nous étions loin de nous douter que nous serions convoqués à si courte échéance dans ce triste séjour, pour venir rendre à la mémoire de ce gentilhomme accompli le pieux devoir que nous remplissons aujourd'hui.

« Dans les trop courts instants que nous avions eu l'honneur de passer dans son intimité, il y a si peu de temps encore, nous avions cru remarquer que le bonheur dont il jouissait au sein de sa charmante famille l'avait rajeuni.

« Il suivait avec le plus tendre intérêt les progrès de ses petits-enfants ; il nous disait avec un légitime orgueil qu'ils seraient dignes de marcher un jour sur les traces de leur vaillant père, de ce brave général qui a su enrichir encore son blason et donner un nouvel éclat à son nom par ses brillants services.

« Il se sentait aimé par tous les siens et particulièrement par sa fille chérie ; il était protégé par la plus gracieuse, par la plus dévouée des compagnes, qui lui prodiguait journellement ses soins les plus empressés, les plus intelligents et les plus affectueux.

« Au milieu des joies de la famille, notre ami n'oubliait pas ses concitoyens, ses chers habitants de Barbentane, qui lui confièrent pendant si long-temps l'honneur de les représenter au sein du conseil général du département.

« Je n'entreprendrai pas, Messieurs, de vous retracer les services nombreux que M. le marquis de Barbentane a rendus à son pays, sans bruit, sans ostentation, lorsqu'il était plus jeune, lorsque l'état de sa santé lui permettait de mener une existence plus active. Une voix amie plus autorisée que la mienne s'est déjà chargée de ce soin. Du reste, les œuvres qui ont été accomplies dans la commune et dans le canton à l'époque que je viens de rappeler, sont là pour attester combien la parole de M. le marquis de Barbentane était écoutée, et de quel poids elle était dans les conseils du département. Il suffirait de consulter les comptes rendus des séances du conseil général pour se convaincre que l'ancien représentant du canton de Barbentane, comme celui qui possède aujourd'hui la confiance des électeurs, s'est toujours occupé avec la plus active sollicitude de faire pénétrer le bienfait de l'instruction primaire dans nos campagnes, d'améliorer et d'étendre les voies de communication, et de procurer aux populations rurales les canaux d'irrigation dont la nécessité se fait sentir chaque année davantage dans notre Provence, désolée par la sécheresse.

« Messieurs,

« Le lieu qui nous réunit n'est pas fait pour nous inspirer des pensées mondaines d'orgueil et de vanité : il nous rappelle notre fin prochaine; il nous invite tous aux sentiments d'humilité, de charité et de piété qui étaient dans le cœur de M. le marquis de Barbentane.

« La mort si chrétienne de cet homme de bien sera un exemple et un encouragement pour ses nombreux amis ; nous nous séparerons avec la certitude que M. le marquis de Barbentane a déjà trouvé la récompense de ses vertus dans un monde meilleur, et avec l'espoir de terminer notre carrière un jour, comme lui, entourés de l'affection et de l'estime de nos amis, assistés des secours de notre sainte religion.

« Adieu, mon cher et regretté ami ! au revoir ! »

PARIS. — TYPOGRAPHIE DE E. PLON ET Cie, 8, RUE GARANCIÈRE.